Lettre aux femmes et à l'amour

Francis Huster

Lettre aux femmes et à l'amour

le
cherche
midi

23, rue du Cherche-Midi 75006 Paris
Vous pouvez consulter notre catalogue général et l'annonce
de nos prochaines parutions sur notre site Internet :
www.cherche-midi.com

Une nuit....

18 heures 50

Je vous adresse cette lettre écrite en une nuit pour en finir une fois pour toutes avec ces fausses idées que vous vous faites sur l'amour. Sur l'amour que je vous porte depuis que je suis né.
Toutes les chances m'ont été offertes en amour. J'étais beau, romantique, sympathique, drôle et célèbre.
J'ai aimé des femmes sublimes dans la traversée de ma vie.
Mais elles, ai-je su les aimer ?
Comme elles auraient aimé l'être ?
Non.
Comme tous les hommes peut-être et qui, comme moi, n'osent se l'avouer, j'ai tout gâché avec les femmes.
Je voudrais donc simplement par cette lettre vous rendre hommage, sans m'épargner.

Je ne serai pas seul pour encrer ces pages. Je vais vous écrire avec mon cœur. Mon cœur à mes côtés. Mon cœur que je n'ai jamais su écouter et qui voudrait cette nuit se faire entendre.

Il en a tellement marre de s'être tu depuis si longtemps.

Il a tout fait pourtant pour que je lui prête attention.

Il s'est mis à battre plus fort quand une nouvelle femme arrivait dans ma vie.

Il a cogné ma poitrine comme pour me prévenir de me méfier, de ne pas la décevoir, de ne pas lui mentir, de ne pas elle aussi la faire souffrir.

Il s'est essoufflé tout seul parce que je restais sourd.

J'étais tellement fier de tenir entre mes bras des femmes si belles, si folles, si excitantes, si chattes et si griffes !

Mon cœur a fini par piquer sa crise. Il s'est serré. Il s'est durci. Il n'a plus rien voulu savoir des femmes. Et je n'ai plus su les aimer.

Mon cœur ne s'ouvrait plus à elles. Serré comme le poing, recroquevillé et sec.

Alors mes mots n'ont plus suffi. Ma jeunesse l'a déserté. Et je me suis retrouvé seul. Seul avec lui. Pas facile de passer sa vie avec un cœur qui vous fait la gueule !

Quand on ne peut plus s'ouvrir à lui, c'est foutu, non ? Quand on ne peut plus parler avec son cœur, on n'intéresse plus personne. On vous tourne le dos. On vous évite. On vous chasse. On vous ignore.

Mon cœur va donc profiter de cette lettre, de cette nuit pour s'épancher sur vous, et moi pour me pencher sur lui et savoir enfin ce qu'il avait dans la tête quand j'étais avec vous, femmes de ma vie.

Je vais donc vous écrire, vous livrer, ce que j'ai sur le cœur à propos des femmes.

C'est vrai aussi qu'en vous parlant de moi, de vous, je vous parle de lui et je vous parle pour lui.

Peu d'hommes savent parler avec leur cœur.

Et vous parler, à vous, de lui.

Je ne sais pas si c'est le cœur que les femmes cherchent chez un homme. À l'atteindre sans doute, mais à le comprendre pas forcément.

Peu de femmes ont compris mon cœur, sans doute, sinon peu en auraient souffert, et peu d'entre elles l'auraient autant déchiré.

Le cœur n'est pas fait pour battre seul. À quoi bon rester le carrefour du sang s'il n'est plus porteur de cette bretelle d'autoroute vers le bonheur ?

Ventricule gauche, périphérique intérieur, direction travail et famille ; ventricule droit, périphérique extérieur, direction amour et sexe.

L'amour doit être partagé, non ? Un cœur seul n'a pas d'envie de battre.

L'amour, c'est bien sentir battre en son cœur le cœur de l'autre aussi.

Même quand on sera mort, ce deuxième cœur continuera de battre en soi.

Si un cœur ne bat pas pour aimer, alors à quoi bon battre ?

19 heures 07

En amour, on est porté au septième ciel, paraît-il, mais on est aussi lâché, parfois, sans protection, sans parachute, tellement on ne s'y attendait pas, et en chute libre on s'écrase. Et on se relève comme on peut en accusant l'autre, en lui cherchant des torts, en s'aveuglant sur les vraies raisons de cette chute. Or, les vraies raisons, c'est qu'il n'y en a pas.

Le soleil se lève et se couche.

C'est la vie.

L'amour aussi s'élève et disparaît un beau jour.

Il ne faut pas se moquer de l'amour. Mais en rire, oui !

Permettez-moi de ne me moquer que de moi. De mes erreurs passées pour commencer. Et de celles à venir pour finir. Je vais donc, pour vous distraire j'espère, écrire cette lettre sans m'interrompre, sur ce sujet qui, vous l'avez compris, me tient tant à cœur : les femmes, donc l'amour.

Je tâche simplement de me discipliner à coucher ces libres pensées, mots d'esprit, ou de mauvais esprit parfois, qui n'ont cessé de me hanter depuis le temps que j'aime, que j'ai été aimé. Oui, de les coucher sur ces pages, eux plutôt que moi dans mon lit, au cours de cette nuit que nous allons, vous et moi, partager.

À l'aube, vous en saurez un peu plus sur ce que j'ai sur le cœur, et peut-être serai-je parvenu au vôtre. Vous lirez, vous, à cœur reposé.

Je ne cherche pas d'excuses ni de pardon. Je n'ignore pas que si la plume encrée court sur le papier, pour chercher à vous séduire en vous parlant d'amour et de femmes, je cours, moi, au contraire, le risque d'y laisser quelques plumes. Qu'importe. Nous nous connaîtrons mieux, vous et moi. J'ai toujours eu impatience de percer une femme jusqu'au cœur dès la première rencontre.

Elle devait le lire dans mes yeux. J'espère que vous lirez dans mes lignes l'espoir que j'ai cette fois de vous reconnaître. Car c'est de vous que je voudrais parler. Et pour parler de vous, je dois parler d'amour.

Il n'y a pas de chapitre, de plan construit dans ce livre. Rien qu'une lettre écrite comme va la vie, au hasard de la pensée et, surtout, de l'oubli de soi, pour ne penser qu'à vous.

Avec les femmes, j'ai tout programmé en amour. Celle-là pour quelques nuits ! Telle autre pour se marrer. Celle-ci comme mère de mes enfants, pour la passion de toute une vie, pour construire.

Quelle erreur ! D'abord, rien ne s'est passé comme je l'aurai cru et le destin, frustré de ne rien pouvoir décider à ma place, s'est bien vengé.

Pour ce qu'il me reste à vivre, je vais me laisser faire.

Écrire cette lettre, c'est aussi pour lui apprendre, au destin, ce que je pense des femmes avant qu'il ne m'en choisisse une qui puisse me convenir, pour le meilleur, puis pour le pire.

Le bonheur peut me tomber dessus. Saurai-je le rattraper ?

Le rideau est tombé sans même que je m'en rende compte sur l'amour de ma vie. Les rappels sont-ils terminés ? Il n'y a plus que la scène vide. Et, cette fois, je suis face à elle. Le dernier acte de ma vie d'amour s'est-il joué ?

À soixante ans tout est-il foutu, mon vieux Francis ?

Tu as beau te dire « c'est juste deux fois trente ans... ». Tu as beau te persuader que ce ne sont « que trois fois vingt ». Tu entames la descente !

C'est l'heure de te rendre compte que tes poches sont trouées, que tu n'as plus rien avec toi, que tout est vide. Il te faut être léger de toute façon pour en finir, te présenter nu au bout.

Au bout de ta route où les seuls arbres de joie auront été les femmes. La montée de ta vie a paru si forte, si belle, si remplie de bouffées de vie, tu dois te refuser de peiner pour descendre, de piétiner aussi pour tenter de rallonger cette part de vie qui reste encore devant toi. Ce « si peu de vie » peut-être...

Ne jamais se plaindre, se courber, plier ou gémir. Accepter tout, debout.

Au contraire, aller plus vite encore, en tout cas pas moins fort, et surtout bien plus loin.

Et je me fous d'atteindre le bout de ma route d'homme.

Y a-t-il un bout, d'ailleurs ?

Une fin ? Un « tout là-bas » ?

Non, sans doute. En fait, pas comme on l'imagine.

Il n'y a que soi au bout. Soi. Ce qu'on aura laissé de soi. Aux autres. Aux femmes.

Poussière je redeviendrai. Poussière je disparaîtrai. Et dans votre cœur peut-être.

Mais vous ne disparaîtrez pas du mien. Alors laissez-moi, cette nuit où je vous écris, tenter d'être assez jeune, tenter de plaisanter sur moi, sur vous, de vous, de moi, pour me persuader qu'à soixante ans j'en ai toujours vingt !

Demain, à neuf heures, je m'arrêterai, c'est promis. Je porterai ces feuilles de ma main directement à l'éditeur, comme une lettre qu'il saura vous faire parvenir. L'homme de votre vie le lira peut-être par-dessus votre épaule avant de vous prendre dans ses bras. J'aimerais vous prendre dans les miens tant je me sens libre de tout vous dire, même maladroitement, sur cette tendresse que je vous porte. Laissez-moi croire que je n'ai jamais été aussi ardent, aussi neuf que cette nuit. Et convenez enfin, vous qui feuilletez ces pages, car sinon autant m'arrêter là, que la vie d'un vieux, la mienne désormais, descente ou pas, est une nouveauté pour moi !

19 heures 35
Que des pensées...

Il n'y a pas d'itinéraire prévu en amour. Que des imprévus. Et des accidents.

*
* *

J'ai aimé les femmes. Elles aussi se sont aimées.

*
* *

Les femmes se maquillent, bien sûr. Pas seulement le visage, leur âme aussi.

*
* *

Que reste-t-il d'une séparation ? Des regrets.
Que reste-t-il d'un divorce ? Des reproches.
Que reste-t-il d'un mariage ? Des remords.
Faire du mal à une femme, c'est s'en faire à soi-même.

*
* *

Les femmes mariées adorent s'ennuyer avec leur mari, ça leur donne des excuses pour aller voir ailleurs.

*
* *

Dans les bras d'une femme, un homme oublie tout. Dans les bras d'un homme, une femme s'oublie, elle.

*
* *

Deux amants se séparent parce qu'ils n'ont plus rien à se dire.
Deux époux divorcent parce qu'ils s'en sont trop dit.

*
* *

L'amour est une montée vers le bonheur. La séparation, une descente où l'on vide ses poches pour régler ses comptes.

*
* *

Les mecs canons sont souvent des pétards mouillés. Au lit surtout.

*
* *

La mort, c'est la vie qui marche à reculons. L'amour, c'est la vie qui court à l'envers. Dans les deux cas on perd la tête.

*
* *

En amour, perdre confiance en elle, c'est dur. Mais perdre confiance en soi, c'est pire.

*
* *

Un homme qui se tait gagne tout en amour. Une femme sait entendre ce qu'il ne dit pas, et qui lui parle.

*

* *

On aime toujours quelqu'un parce qu'on en a marre de n'aimer que soi.

*

* *

L'homme a besoin d'une femme pour lui tenir la main et le guider. Mais c'est vers lui-même.

*

* *

L'amour est comme la mort. Il ne se rencontre qu'une fois. Ne dit-on pas d'un grand amour « on ne s'aime comme ça qu'une fois dans sa vie ! » ?

*

* *

Un homme veut, de toutes ses forces, être aimé pour lui-même. Voilà pourquoi si peu d'hommes méritent d'être aimés.

*
* *

Un homme a plusieurs vies : une à chaque femme. Une femme, elle, n'a qu'une vie : traversée par les hommes. Parce que la femme ne change pas. Lui, si.

*
* *

En amour, le cœur est ignorant. Tout recommence à zéro, à chaque fois. Donc tout est possible. Même d'être aimé. Vraiment, cette fois.

*
* *

Être aimé d'une femme rend heureux. Ne plus l'être aussi ! Quand elle ne supporte plus rien de vous, plus rien des petits riens de la vie...

*
* *

« Encore » et « toujours » sont des mots d'amour. Mais dangereux. Encore lasse et toujours use. Encore la même façon de faire l'amour et toujours les mêmes reproches. Jamais est autrement plus séduisant. Jamais la même, jamais je n'avais aimé autant.

*
* *

Une femme qui vous aime a un prix. Mais comme une facture, vous finissez toujours par la froisser.

*
* *

L'idéal pour une femme qui n'en fait qu'à sa tête, c'est un homme qui n'a pas froid aux yeux.

21 heures 40

Les femmes ont plus de courage que les hommes. Plus d'audace. Une femme dit ce qu'elle pense. Mais à qui le dit-elle ? À l'homme qui l'aime ou à l'homme qu'elle aime ? En général à aucun des deux. Elle se dit tout à elle. Même si elle pense le contraire de ce qu'elle se dit.

*
* *

Un homme ne doit jamais attendre d'une femme qu'il aime qu'elle dise du bien de lui, mais plutôt du bien d'elle. Avouer qu'elle est heureuse est autrement plus agréable pour lui.

*
* *

Une femme veut plaire et ne tient pas spécialement à souffrir. Mais comme il faut bien souffrir pour plaire, une femme s'oblige à souffrir et a l'intelligence de finir par aimer ça. Ou faire semblant d'aimer ça.

21 heures 42

L'amour est l'éventail de l'âme : il l'aide à respirer.

*
* *

Un amant a le cœur épris. Un mari a, lui, le cœur pris.

*
* *

Avouer à une femme qu'on l'aime, c'est facile. Se l'avouer à soi-même est bien plus difficile.

*
* *

Quand on aime malgré soi, c'est beaucoup plus beau.

*
* *

L'amour n'a pas besoin de raisons pour exister.

*
* *

L'amour a une ombre : la jalousie. Plus l'être aimé s'éloigne, plus elle grandit.

*
* *

Il n'y a pas de silence en amour, les corps parlent toujours.

*
* *

Une femme nue est un astre. Mal lui faire l'amour est un désastre.

*
* *

Le cœur bat plus vite quand on est aimé : il applaudit l'autre.

*
* *

Le mariage est la statue de l'amour : il le célèbre mais, en même temps, il le fige.

*
* *

La seule règle en amour, c'est qu'il n'y en a pas.

*
* *

L'amour soigne toutes les maladies. Sauf l'amour.

*
* *

Un premier amour n'a pas d'épines mais déjà un parfum : celui du bonheur, qu'on respire à deux.

*
* *

Les gens adorent les couples heureux parce qu'ils savent que ça ne durera pas.

*
* *

Chaque homme a deux naissances : la première à la vie, la seconde à l'amour.

*
* *

Si on enterrait les hommes debout, tombe levée, les femmes n'hésiteraient pas à lancer des boules de terre sur ces bonhommes de morts.

*
* *

La mort ? C'est seulement la dernière maîtresse d'un homme. En somme, la seule femme dont il ne pourra jamais se séparer.

*
* *

Il n'y a pas de chemin qui mène à l'amour. Il n'y a qu'un mur à abattre : celui de notre orgueil.

*
* *

Le grand amour, c'est celui fondé sur de petites choses.

*
* *

On ne comprend rien à l'amour si on croit qu'il y a quelque chose à comprendre.

*
* *

Francis Huster

On est toujours trois en amour : elle, lui, et le couple formé. Le problème, c'est que le couple se méfie toujours des deux autres, et les deux du couple.

21 heures 47

De toute façon, une femme vous rendra toujours la vie impossible : impossible à vivre avec elle ou impossible à vivre sans elle.

*
* *

Être aimé d'une femme rassure. Ne pas l'être aussi. Surtout si elle est conne.

*
* *

Un homme innocent se sent toujours coupable de n'avoir pas su rendre une femme heureuse : il croit que c'est de sa faute.

*
* *

Les femmes ne pensent qu'à elles. Les hommes aussi.

*
* *

Une femme peut tromper un homme tout en ne se trompant pas sur lui.

*
* *

Les femmes simples sont les plus compliquées à aimer.

*
* *

La haine, c'est vouloir faire souffrir l'autre. L'amour, c'est la même chose mais à deux.

*
* *

Séduire une femme, c'est lui cacher ses défauts.

*
* *

Séduire un homme, c'est faire de ses défauts des qualités.

*
* *

L'amour est la seule chose qui ne s'achète pas. Alors, louons-le !

*
* *

Aimer un homme, c'est deviner qui il est vraiment. Aimer une femme, c'est deviner qui elle voudrait être.

*
* *

Les hommes sont de beaux parleurs. Les femmes, elles, parlent avec leurs yeux. Elles mentent mieux.

*
* *

Si les hommes parlent si bien d'amour avant, c'est pour laisser aux femmes le soin d'en parler si mal après !

*
* *

Les hommes n'ont jamais rien compris à l'amour, sans quoi ils ne commettraient pas les mêmes erreurs à chaque fois.

*
* *

Avec une femme, avant le mariage, un homme commet des erreurs. Une fois marié, ce sont des fautes. Et divorcé, des injustices.

*
* *

Jalouse, une femme ? Loin de là. À condition qu'elle ne soit pas loin de vous...

*
* *

Un mariage heureux, ce serait la perpétuité du coup de foudre. Ce n'en est souvent que les travaux forcés.

*
* *

Un mari, c'est un amant qui se retourne pour constater que son ombre et celle de sa femme sont étroitement mêlées. Il y a des ombres qui font peur.

*
* *

Se marier, c'est accepter que plus rien ne se passe pour que tout arrive.

*
* *

La vie, c'est aller vers l'avant. L'amour, c'est revenir à soi-même.

*
* *

Le comble de l'amour ? Se sentir vide.

*
* *

Quand un homme quitte une femme, c'est pour se fuir aussi puisqu'elle emporte avec elle une grande part de lui. Il ne s'en remet que si c'est la part ratée de lui qu'elle emmène avec elle.

*
* *

Vivre sans elle, passe encore. Vivre sans vous, beaucoup moins. Et quand elle emporte le meilleur de vous, ça grimace. La scie de la séparation fait mal.

*
* *

Dans le tunnel du mariage, il y a des amours qui déraillent au train où vont les choses de la vie. Il n'y a jamais de signal d'alarme.

*
* *

C'est quand on est heureux qu'on devrait être inquiet du bonheur d'aimer, puisque tout a une fin.

*
* *

Si l'on soignait les gens bien portants, il n'y aurait jamais de malade. Si l'on soignait les amoureux, il n'y aurait jamais de drame.

*
* *

S'aimer toute la vie, c'est le meilleur moyen de faire la grève de la fin.

*
* *

L'amour est un ciel : il peut changer à tout instant.

*
* *

Un chagrin d'amour ? On pense au suicide, mais le suicide, lui, ne pense pas toujours à vous.

*

* *

Les hommes adorent les femmes divorcées : elles sont libérées.

*

* *

La seule liberté du mariage, c'est le divorce.

*

* *

Avant, les hommes occupaient les femmes à ne rien faire. Maintenant, ils s'occupent à ne rien faire pour elles.

*

* *

Avant le mariage, vous la regardez comme une femme. Après le mariage, vous la regardez comme la vôtre.

*

* *

Elle occupe votre temps, vous vous chargez du sien. C'est ça, le mariage. Une femme à charge et perdre son temps.

*
* *

Une maîtresse est le papier carbone de la femme mariée : elle n'en est que le double sans en avoir l'authenticité.

*
* *

L'amour n'a pas de prix. Sauf le prix de consolation, quand elle est partie !

*
* *

Un homme peut rendre folle une femme en la rendant folle de lui. Une femme le rendra fou en rendant fous les autres.

*
* *

L'homme est fait pour la femme. La femme, pour se défaire de lui.

*
* *

Dieu a créé l'homme d'abord pour que la femme ne s'ennuie pas toute seule.

*
* *

Le divorce est fait pour les maris heureux : si un homme trouve son bonheur dans le mariage, pourquoi voulez-vous qu'il ne recommence pas à vouloir se marier ?

*
* *

Le mariage n'est pas un contrat. Le mariage est une contrainte.

O heure !

L'heure idiote qui n'existe pas !

Dans la conjugaison de l'amour, voici le
verbe « JE T'AIME »
à apprendre « par cœur » évidemment...

Présent	**Imparfait**
Je je t'aime	Je je t'aimais
Tu je t'aimes	Tu je t'aimais
Il je t'aime	Il je t'aimait
Elle je s'aime	Elle je s'aimait
Nous je t'aimons	Nous je t'aimions
Vous je t'aimez	Vous je t'aimiez
Ils je t'aiment	Ils je t'aimaient
Elles je s'aiment	Elles je s'aimaient

*
* *

Il n'y a que deux façons d'aimer une femme : la mauvaise et la pire...

*
* *

Il n'y a que deux façons d'aimer un homme : la pas bonne et la moins bonne.

*
* *

Il n'y a que deux façons d'aimer : avant et après.

O heure 07
L'heure Bond !

Le nœud du mariage n'a aucune chance de tenir : sauf miracle, les lacets de la vie finissent par casser même si on croit avoir trouvé chaussure à son pied.

*
* *

Le mariage, c'est la certitude de s'engueuler toute sa vie avec la même personne. Le divorce aussi, mais en sachant pourquoi.

*
* *

Les hommes aiment faire l'amour à une femme. Les femmes aiment qu'on le leur fasse. Elles s'offrent, ils prennent.

*
* *

Francis Huster

On aime toujours deux femmes en une : la bonne et la mauvaise. Se marier, c'est choisir la pire.

0 heure 18

Amoureux ou cocu, c'est pareil. Quand « tu crois que tu ne le seras jamais » devient « tu crois que tu l'es » puis « tu crois que tu l'as été », c'est que « tu le seras encore ».

*
* *

Ne faites aucun reproche à une femme qui ronfle. Elle croirait que vous êtes encore sensible à ce qu'elle fait.

*
* *

Il n'y a rien à dire sur l'amour quand on est amoureux. Parce qu'il n'y a rien à taire. Tout est dit sur le visage de deux êtres qui s'aiment.

*
* *

L'amour est comme le soleil : il rayonne et il brûle. Il s'éclipse aussi.

*
* *

Les hommes font l'amour quand ils en ont besoin. Les femmes, quand elles en ont envie.

*
* *

Une femme ne se sent nue que quand on la regarde. Une femme ne se sent heureuse que quand elle a trouvé justement l'homme qui sait la regarder. Même vêtue, il la voit nue.

*
* *

Il y a deux sortes de cocus. Ceux que leur femme trompe : les cons cocus. Et ceux qui se trompent de femme : les cocus à la con.

*
* *

Une femme est comme une chienne : quand on la délaisse, elle s'en va.

*
* *

Quand on aime vraiment, ça c'est pour longtemps. Mais quand on aime longtemps, c'est pas vraiment ça.

*
* *

Une bague au doigt, c'est bien. Une bague au cœur, c'est mieux !

0 heure 52

Je ne finirai jamais en une nuit....

(..ou peut-être que si...?)

Une femme aime toujours deux hommes en un. Celui qu'il est et celui qu'elle rêve qu'il soit. Le rêve ne dure jamais longtemps.

*

* *

Un homme a toujours une double personnalité : fils de sa mère et homme de sa femme.

*

* *

Peu de femmes sont capables d'aimer un homme mais toutes savent le lui faire croire.

*

* *

Toutes les histoires d'amour se ressemblent : un homme aime toujours une femme au premier coup d'œil, dès qu'il l'a vue. Ensuite, il passe sa vie à fermer les yeux, et elle à faire semblant de ne pas le voir.

*
* *

L'expression d'une femme quand elle dort est d'une vérité rare : elle ment sans qu'on le sache.

1 heure quelque chose
(Je ne sais plus où est ma montre..)

Quand on sait tout faire dans la vie, on fait tout bien. Mais quand on est aimé, on fait tout mieux.

*
* *

Une femme est toujours la vérité de la vie d'un homme.

*
* *

Une femme quitte un homme quand elle en a marre d'être aimée pour ce qu'elle n'est pas. Un homme quitte une femme quand il en a marre de ne pas être aimé pour ce qu'il est.

*
* *

Les hommes qui se plaignent que leur femme les quitte justifient qu'elle le fasse : les imbéciles ne connaissent pas leur bonheur !

*
* *

Il n'y a qu'une place réservée dans le parking d'amour d'une femme.

1 heure presque 04
(Parlons d'amour, c'est le moment...)

Rien à écrire.
Et pourtant tant à dire.
Sur l'amour (le faire !).
Sur le mariage aussi.
J'ai faim.
Vous permettez ?
Je vais ouvrir le réfrigérateur
et reviens vous ouvrir mon cœur.
Je lui laisserai la plume et l'encre
pour qu'il vous parle
amour et mariage.
À tout à l'heure !

1 heure 26

(Je l'ai retrouvée, j'étais assis dessous.)

Un homme aime toujours sa femme. Malgré lui. Et malgré elle.

L'homme aime la femme pour la chose, pas pour la femme s'il en fait, comme tous les hommes, sa chose.

Il l'aime avec maladresse, rudesse, forfanterie, machisme.

Et il se persuade qu'elle aime ça.

Ça fait comme ça.
Comme je vous ai aimées.
Avec mes mains, mes lèvres,
mes lettres,
qui n'en finissaient jamais,
qui commençaient pour tout recommencer,
avec mes regards
posés sur vous pour y déposer tout,
ma folie, mon désir, mon envie,

ma rage, ma peur aussi,
avec mes paroles
qui ne veulent rien dire
à force de répéter les mêmes choses :
je t'aime, je t'aime, je t'aime,
si tu savais, si tu savais, si tu savais,
un jour on fera, un jour on fera,
tu comprends rien, tu comprends rien,
avec mes doigts
qui tiennent, qui cherchent, qui caressent
qui dégrafent, qui portent, qui glissent,
avec mes ongles,
qui s'enfoncent, en vous, sur vous,
avec mon ventre monté sur vous
qui gonfle et se durcit,
avec mon cou offert, à mordre,
avec mes bras,
pliés, dépliés et repliés sur vous,
avec mes prières,
inutiles, chuchotées, stupides,
avec mes colères
inavouables, insupportables,
avec mes appels,
toujours au moment où il ne faut pas,
avec mes tickets de train,
pas la bonne gare, pas la bonne heure,
mes cadeaux inutiles,

pas assez simples, pas assez vrais,
trop ça, trop ci,
trop des cadeaux comme les autres,
colliers d'amour, colliers lumière,
bijoux à cacher, à ne montrer que pour,
avec mes robes drôles de robes,
avec mes chambres d'hôtels
trop chambres et trop hôtels,
avec mes pleurs d'homme,
ridicules, qui gâchent tout davantage,
avec ces non-dits qui disaient non
et qui rêvaient de dire oui
mais qui n'osent pas,
avec ma voix
toujours trop forte, trop agaçante,
déplacée, hautaine, crispante,
avec mes soupirs méprisants,
avec mes remarques à la con,
avec mon ennui,
comme si on ne le voyait pas,
avec mon impatience,
mal cachée, mal venue, mal reçue,
avec mes billets d'avion,
annulés au dernier instant,
avec mes valises,
mal fermées, trop bourrées,
mes valises trop lourdes, trop voyantes,

mes valises partout que y'en a marre,
mes valises perdues, égarées je ne sais où,
mes valises pas prêtes, pas défaites,
avec mes boîtes de chocolats,
au lait fallait pas, au noir y'en a pas,
avec mes chaussures,
tu t'es vu avec ? les mêmes depuis... ?
qu'est-ce qu'elles puent !
avec mes gâteaux à la crème
tu veux vraiment me faire grossir ?
avec ma bouche qui en dit long
avec moi en vous qui n'en fait pas assez
avec mes questions idiotes
avec mes réponses qui ne veulent
rien dire,
rien taire,
avec mes mensonges inutiles,
et mes vérités qui blessent,
avec mes riens qui disent tout,
comme ces trois nuits sans me lever,
comme ces trois jours sans me laver,
avec ma barbe, pas barbe mais trop dure,
blessante,
méprisante,
et qui vous brûle,
avec mes fièvres, odeur de sueur,
mes angines, et si je vous la passais ?

avec mes plaintes d'enfant
ben bien sûr d'un seul coup
redevenu fragile, doux, si aimable
quand ça l'arrange !
avec mes douleurs, dos tordu, coincé,
avec mes clés que je ne retrouve plus,
moi qui vous accuse à tort et à travers,
avec mes points de permis perdus,
points de permis d'aimer perdus aussi,
avec mes SMS illisibles,
trop vite écrits, envoyés par erreur,
avec mes excuses bidons,
quand je m'enfonce et dis n'importe quoi,
n'importe comment,
n'importe où et à n'importe qui !
Avec mon air satisfait imbuvable,
avec mes critiques sur tout,
sauf sur moi,
avec mes ordres et mes désordres,
mon bureau mal rangé
et ma vie qui l'était trop !
Avec mes folies si folles,
avec mes envies oubliées
et mes oublis d'envie !
Avec mes mais, mes pas, mes une autre fois !
Avec mes avec et mes sans,
avec mes abandons sur tout

sauf ma connerie,
ma prétention, mes «je sais tout»,
avec mes silences de plus en plus pesants,
avec l'amour fait de plus en plus vite,
avec la lumière sur la table de nuit
qui s'éteint de plus en plus tôt,
avec la télévision qu'on regarde
de plus en plus tard,
avec ces journaux que je ne lis plus
et les romans que je ne finis pas,
avec ces lettres jamais ouvertes
et qui traînent,
ces factures égarées, impayées,
avec ce baiser inutilement tendre
sur votre cuisse, sur votre tempe,
celui grotesque sur votre nez,
et trop mouillé dans votre cou,
avec mes ronflements que je n'ai jamais
perçus, supportés, acceptés,
avec ces moments dont je ne reviens pas,
ceux où je me suis égaré pour mieux
me fuir,
et tout vous donner,
ma peau, mon être, et tout mon amour,
avec ma main maladroite
à nouveau sur vous,
avec l'autre qui ne sait plus où aller,

où vous tenir, vous transporter,
où vous voulez qu'elle soit,
ou bien qu'elle ne soit plus,
avec ma main qui croit tenir la vôtre,
pour toujours, pour jusqu'au bout
de la vie, de notre amour, de notre tout,
avec ce rien entre nous qui, pourtant,
nous rapproche encore,
avec ce tout qui nous sépare,
de plus en plus,
parce que c'est la faute des autres,
parce que c'est ma faute à moi,
parce que ce n'est pas la tienne,
et parce que c'est comme ça la vie,
avec la dernière fois qu'on croyait
faire l'amour comme jamais on l'a fait,
avec aussi la dernière fois
où nous faisions l'amour
sans savoir que c'était la dernière,
avec la première fois qu'on l'avait fait,
où c'était si bien tant c'était mal,
avec ces heures passées avec cette femme,
que vous étiez,
que vous auriez pu être,
ces heures où j'avais enfin l'impression
que le temps s'arrêtait
avec vous,

et,
pour ce frisson qui vous parcourait
tout entière,
pour ce mirage, offert, d'avoir cru
à chaque fois que c'était la bonne
pour la vie,
pour le toujours,
pour m'avoir aimé,
pour m'avoir offert votre peau nue,
pour m'avoir aussi couvert de baisers
de votre souffle, de votre chair chaude,
pour vos mains tendres et perdues,
pour elles si profondément crispées
sur mes épaules,
pour vous être ouvertes à moi,
et surtout ouvertes à vous-même,
pour m'avoir comblé
si fort, si bien, si à chaque fois,
si « pourquoi ce soir ? », si « là vraiment ? »,
si « là comme ça ? » et « là maintenant ? »,
pour m'avoir fait croire que,
m'avoir menti car,
m'avoir trompé à cause de, à cause que,
pour m'avoir fait rire,
de vous, mais de moi surtout,
pour m'avoir appris à me moquer,
me moquer de moi, de la vie,

me moquer de tout, sauf de l'amour,
pour m'avoir toujours surpris,
pour avoir été vous,
dans un monde où tout est faux,
pour avoir été vérité et folie,
je vous ai tant aimées.
Je vous ai tant et si.
Terriblement aimées.
Et tellement mal aussi.
Je vous ai si désirées.
Rencontrées.
Croisées et décroisées.
Enlacées et embrassées.
Caressées et emportées.
Respirées et prises.
Et déçues. Et je vous ai.
Vous me l'avez fait payer.
Cher.
Et vous m'avez abandonné.
En somme.
Vous m'avez tout appris
et désappris.
Et fait de moi un homme.

Ai-je retenu la leçon ?

Pour tout cela, les femmes se donnent.
S'abandonnent.
Puis abandonnent.

Les hommes, eux, se pardonnent.

Leurs erreurs, leurs doutes, comme leurs trahisons.

La pire trahison des hommes étant de ne pas être une femme.

Parce que, pour comprendre une femme, il faudrait en être une.

Mais quel homme peut comprendre cela ?

1 heure 26

(Deux fois la même heure, j'ai dû me tromper avant !)

Je n'ai rien à dire du mariage.
Aucune femme n'a voulu m'épouser.
Alors
voici cent raisons
pour lesquelles, moi ou d'autres hommes,
on pourrait se marier,
et on pourrait se marrer.
C'est mon cœur qui parle !
Moi je dors un peu. À plus tard !

mon coeur parle...

... et d'avoir à le regretter !...

1

Vous ne supportez plus de fuir.

2

Il fait de plus en plus froid dans votre cœur.

3

Vous l'avez dans la peau et ça vous démange.

4

Vous rêvez de croiser le faire avec elle.

5

Vous voulez compter jusqu'à deux.

5'

... et trois, et quatre et cinq, et plus peut-être !

6

Vous détestez manger tout seul au restaurant.

7

Vous en avez assez de porter votre nom tout seul.

8

Vous vous sentez inutile, vous voudriez savoir pourquoi.

9

Pour la première fois de votre vie, vous oubliez de ne penser qu'à vous.

10

Vous avez tout réussi dans votre vie. Vous aimeriez tout rater.

11

Vous faites rire tout le monde dans la vie. On vous adore. Vous aimeriez faire rire de vous.

Et qu'on vous plaigne.

12

Vous êtes seul. Vous aimeriez l'être à deux.

13

Vous plaisez aux femmes. Vous aimeriez que ça change.

14

Vous avez toujours gagné au jeu. Cette fois vous avez envie de perdre.

À commencer par votre culotte.

15

Vous voulez changer de mère.

16

Vous n'avez jamais cru en Dieu, en la bonne foi en somme.

Vous voulez savoir pourquoi.

17

Vous êtes incapable de dire non.

18

Vous rêvez d'être cocu.

19

Vous aimez rire des femmes, vous voulez rire avec, cette fois...

Et lui offrir la blague au doigt.

20

Vous voulez arrêter toutes vos histoires avec les femmes et n'aimer qu'une femme à histoires !

21

La vie vous ennuie, vous cherchez à savoir pourquoi.

22

Vous avez hâte de faire la plus grande connerie de votre vie.

23

Vous avez toujours été angoissé de dormir seul.

Vous rêvez de dormir seul, avec une femme !

24

Vous ne vous supportez plus !

Vous voulez absolument refiler le paquet-cadeau à quelqu'un d'autre.

25

Vous aimeriez faire l'amour à une femme mariée.

26

Vous voulez prouver aux autres que vous êtes aussi con qu'eux.

27

Vous adorez les punitions.

28

Vous voulez qu'on fouille dans vos affaires comme dans votre cœur.

29

Vous détestez prendre des décisions (sorties, vacances, restos, films...).

30

Vous voulez être en retard à la gare (et partout ailleurs).

31

Vous avez tiré au sort. La pièce est tombée du mauvais côté.

32

C'est la meilleure façon de n'avoir plus goût à rien.

33

Vous rêviez de tester votre capacité à souffrir.

34

Vous aviez hâte de connaître votre veuve.
Ou en tout cas, l'une d'entre elles.

35

Juste pour savoir qui aura dit le plus de mal de vous dans votre vie.

Et qui en dira le plus grand bien après.

36

Vous avez cessé de croire au bonheur.

37

Vous avez le goût du risque.

38

Vous aimez perdre sans raison.

39

Vous voulez avoir une chance d'être pauvre.

40

Vous n'avez jamais eu le courage de répondre oui si on ne vous le demande pas.

41

Vous adorez les causes perdues.

42

Vous pensiez vivre bien, vous ne voulez plus penser qu'à vivre.

43

Depuis votre première rencontre, elle n'a aucun reproche à vous faire.
Vous voulez lui en donner l'occasion.

44

Vous voulez savoir pourquoi votre père n'avait pas tort.

45

Vous avez eu le meilleur avec les femmes.
Vous voulez désormais connaître le pire.

46

Vous avez une dette envers son père.
Il faut rembourser.

47

Vous n'avez eu que des bons copains.
Que du bon temps.
Vous voulez que ça change.

48

Vous n'avez plus envie de rire.

49

Vous voulez faire partie des victimes.

50

Vous la détestez sans comprendre pourquoi.
Vous aimeriez savoir.

51

Les bons copains en ont marre de vous voir heureux et libre.

Vous voulez leur faire plaisir.

52

Vous passez votre vie à râler !

Vous voulez avoir une bonne raison.

53

Elle vous trouve toutes les qualités.

Elle vous aime.

Vous voulez lui prouver qu'elle a tort.

54

Vous avez le sens du sacrifice.

55

Pour pouvoir divorcer un jour.

56

Vous détestez pleurer sans savoir pourquoi.

57

Pour qu'elle arrête de vous supplier de l'épouser.

Peu importe le prix à payer.

58

Vous croyez que c'est un jeu télévisé, que c'est du bidon.

59

Pour que quelqu'un remplisse votre fiche d'admission (hôpital, morgue, etc.).

60

Vous préférez la faute commune à la fosse commune.

61

Vous adorez les silences qui tuent.

62

Vous adorez les silences qui en disent long et les regards qui ne veulent rien dire.

Ou le contraire.

63

On ne vous a jamais dit plus de dix fois par jour « fous-moi la paix ! » ou « tu ne sais vraiment rien faire ! ».

Vous êtes curieux de vivre ça !

64

Vous êtes d'un naturel naïf : vous croyez encore qu'une femme peut vous aimer davantage qu'elle-même !

65

Vous êtes incapable de choisir quoi que ce soit.

66

Vous adorez payer les P.V. d'une autre.

67

Si on n'est pas sur vous, vous n'irez jamais chez le dentiste ou chez le coiffeur.

68

Vous avez la nostalgie de votre grand-mère, vous aimeriez qu'on goûte une bouchée ou deux dans votre assiette, de l'entrée au dessert.

69

Vous n'avez décidément plus l'envie d'être bien dans votre peau et de ne penser à rien.

70

Vous voulez qu'on pense pour vous.
Et qu'on vous en accuse.

71

Vous aimeriez qu'on se foute de vous sans savoir pourquoi.

72

Vous voulez perdre tous vos copains.

73

Vous voyez la vie comme une chose simple.
Vous aimeriez qu'elle se complique.

74

Vous avez envie de vous justifier sur tout.
Ou presque.

75

Vous voulez rêver obstinément à un 8ᵉ jour par semaine.

Un jour sans femme.

Ou personne ne vous les casserait.

76

Vous êtes impatient de ne plus oser dire ce que vous pensez, et de ne plus penser ce que vous dites.

77

Vous acceptez de perdre votre éternel sens de l'humour au profit de celui de l'amour : sens interdit de rire.

78

Vous n'avez rien à espérer de la vie, alors autant en finir tout de suite.

79

Vous voulez faire semblant d'aimer tout ce que l'on vous impose.

80

Ça vous excite qu'on ne fasse plus attention à ce qui vous plaît vraiment.

Plus attention à vous.

81

On vous a tellement hurlé dessus : vous en voulez encore !

82

Vous êtes prêt à faire tout ce que vous n'avez pas envie de faire, à dire tout ce que vous n'avez pas envie de dire, à voir tous ceux que vous n'avez pas envie de voir.

83

Vous rêvez d'oublier qui vous êtes vraiment.

84

Ça vous amuserait d'aller promener le chien avant de partir au boulot le matin, sitôt rentré du boulot le soir, qu'il pleuve ou qu'il vente, pour attraper la crève !

85

Vous êtes impatient de redire trois fois les mêmes choses sans qu'on vous écoute.

86

Vous voulez aller dans la salle de bains en second.

87

Vous êtes impatient de dormir du mauvais côté.

Celui de la rue.

88

Vous êtes fatigué de râler tout seul sur tout.

89

Vous aviez un chez-vous, vous voulez un chez-elle.

90

Vous en avez marre de dire « merci » à tout, vous rêvez de dire « merde ! ».

91

Vous en avez plus qu'assez de conduire en râlant sur tout.

Vous rêvez qu'on vous râle dessus.

92

Vous aviez un sacré caractère.

Vous voulez en manquer.

93

Vous ne voulez plus être déprimé pour rien.

94

Vous voulez vous sentir coupable sans savoir pourquoi.

95

Vous n'avez jamais rencontré la foi.

Vous rêvez de rencontrer la mauvaise foi.

96

Vous cherchez à ne plus rien comprendre aux femmes.

97

Vous aimez les femmes.

Vous aimeriez avoir une raison de vouloir les tuer.

98

Vous vous rongiez les ongles.

Vous voulez vous ronger les sangs.

99

Vous étiez con, comme tout le monde.
Vous voulez l'être comme personne.

100

Vous aviez un avenir, à présent vous aimeriez avoir un passé.

3 heures 42
(Me voilà de retour !)

Je viens de relire ce que mon cœur a dicté. Permettez-moi d'intervenir à mon tour, et de vous donner cette fois....

.. ou.. pourquoi aimer une femme ?

1

Vous n'êtes pas très amoureux d'elle.
Vous l'êtes trop !

2

Vous pensez que, dans la vie, tout peut arriver, même le pire.
Vous voulez le vérifier.

3

Elle vous plaît, elle est adorable.
Vous voulez connaître ce qu'elle a de détestable.

4

Vous avez hâte de découvrir le lâche qui sommeille en vous.

5

Vous en avez marre de vous admirer dans le miroir.

Vous aimeriez avoir honte.

6

Chaque soir, dans le lit, vous aimeriez poser votre index sur ses lèvres douces, les dessiner avec délicatesse, avec tendresse et passion, comme pour lui éviter de vous poser des questions.

7

Vous ne vous êtes jamais posé de questions sur la vie, sur l'utilité de tout supporter.

Vous aimeriez vous en poser.

8

Vous avez toujours eu peur de la décevoir.
Vous aimeriez que ce soit vrai.

9

Il faut un commencement à tout : aucune femme ne s'est jamais moquée de vous.

10

Vous avez un sommeil profond depuis toujours.
Vous rêvez d'insomnie.

11

Vous avez des tas de projets fabuleux.
Vous aimeriez qu'ils tombent à l'eau.

12

Vous voulez vous détester en sachant pourquoi.
Et pour qui.

13

Vous avez décidé de ne plus rien décider.

14

Vous êtes trop sûr de vous.

Il fallait bien que la vie vous en punisse un jour.

15

Vous ne vous supportez plus, vous voulez qu'une femme vous sauve de vous-même.

16

Vous avez envie de vivre, ce sera plus facile si une femme a besoin de vous.

17

Célibataire endurci en pleine lumière, vous désirez, en vous mariant, révéler vos zones d'ombre.

18

Vous ne pouvez pas vous passer d'aimer.

Pour ça, vous êtes prêt à vous passer des femmes au profit d'une seule.

19

Vous voulez fuir le monde pour vous enfermer dans un ailleurs, dont vous ne verrez jamais la fin...

Et où vous vous perdrez !

20

Se marier ? Se marier ? Se marier ?

Vous ne parvenez plus à vous trouver d'excuse pour ne pas le faire.

21

Vous êtes maladroit, timide, fragile, délicat avec les femmes.

Vous aimeriez que ce soit pire encore.

22

Vous voulez qu'elle fasse de vous un autre.

Et vous avez une furieuse envie de vous détester.

23

Vous voulez vivre dans le mépris de vous-même.

24

Vous voulez que votre âme danse avec son corps.

25

Vous êtes incapable de mesurer les conséquences de vos bêtises.

26

Vous ne vous aimez pas et vous ne cherchez pas à savoir qui vous êtes.

Elle seule vous aidera à rester pour vous un inconnu.

27

Vous refusez d'entrer en vous en entrant en elle.

28

Vous voulez voyager en vous-même en ayant l'air de vivre heureux.

29

Vous avez compris qu'une femme ne cherche pas seulement qu'un homme l'aime, mais, au-delà, qu'il n'aime qu'elle.

30

Une femme veut que vous l'aimiez plus que toutes les autres femmes autour de vous, mais, surtout, que vous l'aimiez comme vous n'avez jamais aimé une autre femme avant elle, et comme vous n'en aimerez, certainement, jamais plus d'autre après.

31

Toutes les femmes se ressemblent.
Autant épouser celle-là qu'une autre.

32

Les hommes regardent les femmes.
Les femmes, elles, les observent.

33

Être ou ne pas être, c'est la question.
Être con ou ne pas être con avec les femmes, c'est la réponse.

34

Un homme n'est jamais méfiant des hommes qui plaisent à sa femme : il les envie.

35

Toute femme est un orage : elle prend son temps avant d'éclater.
Mais une fois que c'est fait, rien ne l'arrête.

36

En amour, les maris sont les aveugles du quotidien.

Ils ne voient jamais rien venir.

37

On devrait toujours se séparer d'une femme avant de décider de vivre avec, la quitter au départ et commencer par la fin !

Cela nous éviterait des erreurs irrémédiables, car il est des séparations salutaires pour s'estimer enfin.

38

Un homme croit toujours qu'une femme dont il se sépare va le regretter.

Elle a des regrets, c'est sûr !

Mais uniquement ceux de ne pas avoir été séparée avant !

39

Le bon côté d'une séparation réussie, c'est de se dire qu'au lieu de penser à elle, on va pouvoir penser à vivre.

Le mauvais côté, et le goût amer, c'est qu'on se demande pourquoi l'on n'y a pas pensé plus tôt !

40

La vie, après l'amour perdu, ne tient parfois qu'à un fil.

Reste à trouver l'épingle où le passer pour commencer à recoudre ses blessures.

41

Plus vous dites à une femme que vous l'aimez, plus vous tracez d'elle un portrait élogieux, plus vous augmentez vos chances de la perdre : à lui murmurer qu'elle est si belle et si rare, si drôle et si tout, elle finit par y croire !

Donc elle finira par se demander, logiquement, si vous la méritez !

42

Un homme croit, à tort, posséder une femme.

En fait, elle ne se détache pas de lui. C'est tout.

Et un jour, elle ose.

43

Vivre à deux pour ne faire qu'un ?

Comment voulez-vous que ça marche ?

Il faut forcément que l'un s'efface devant l'autre.

Le plus fort des deux cède, bien sûr, parce qu'il aime l'autre.

44

Le couple réussi, c'est un plus un.

Chacun garde sa personnalité sans céder à l'autre.

45

En amour, la vanité est une prison dangereuse.

La tendresse en est l'évasion.

46

Le bonheur est une insulte au mensonge.

47

En amour, ça s'apprend, d'être heureux... Mais ça s'oublie vite !

48

Les hommes ne pensent qu'à ça, les femmes ne pensent qu'à elles !

49

Ceux qui s'aiment vraiment ne savent pas qu'ils sont heureux.

C'est pour ça qu'ils s'aiment, sans le faire exprès !

Quand on se force, c'est foutu.

50

Ceux qui ne connaissent pas leur bonheur d'être ensemble, ceux qui s'aiment malgré eux, s'aiment pour de bon.

C'est quand on sait qu'on s'aime que l'on commence à se faire le reproche de ne pas s'aimer comme il faut.

Et on finit par ne plus supporter de tant s'aimer si mal.

51

Avoir la conscience de ce que l'on possède fait craindre de le perdre.

La peur, en amour, est un poison.

52

À se trop savoir heureux, on en arrive à goûter l'amère peur de voir s'enfuir ce bonheur partagé ; alors viennent les erreurs, les masques que l'on porte pour plaire à l'autre.

Amour masqué, amour perdu ; amour mensonge, amour enfui.

53

Quand on arrondit les angles en amour, on tourne en rond.

L'amour cogne, ou meurt !

54

Il y a des angles en amour, des angles de fuite ou de perdition.

Des angles où l'on se cache, où l'on est puni aussi, où l'on peut faire la gueule et se tourner le dos.

Dans le cercle de l'intimité, sans ces angles, on tue l'amour.

55

L'amour, c'est l'imprévisible, ne jamais savoir ce qu'il va se passer.

C'est l'excitation de risquer tout à chaque fois. Et peut-être de tout perdre.

Au moins faut-il s'être battu jusqu'au bout.

56

Se mettre en danger sauve l'amour.

57

Vive les disputes, ça permet de se réconcilier pour se retomber dans les bras.

58

L'amour est un vertige.

C'est bien pour ça qu'on tombe de haut quand on vous quitte !

59

Il est dangereux de jurer à une femme qu'on l'aime pour la vie et qu'il n'y en aura pas d'autre.

On la force à nous mentir en faisant semblant d'y croire. Car bien entendu aucune femme n'y croit vraiment.

Mais le plus dangereux et l'irréparable, c'est quand l'homme y croit lui-même !

60

En amour, les certitudes sont à reconquérir au quotidien.

61

En amour, on ne doit s'imposer qu'une contrainte, les refuser toutes !

62

Un homme craque toujours devant une femme qui sait le faire rire.

Un homme amoureux craque encore plus devant une femme qui sait le faire rire de lui, et d'eux.

63

Il y a des femmes qui ne supportent pas d'aimer trop fort un homme, ce sentiment de soumission à la passion.

Elles refusent de tout lui donner.

Elles veulent en garder, toujours, pour en séduire d'autres.

64

Femmes fatales, femmes de passage.

Persuadées qu'elles trouveront toujours mieux ailleurs.

65

Certaines femmes veulent vivre avec un homme qui leur plaît, un moment de vie, sans s'attacher à vie.

Elles s'aiment plus qu'elles n'aiment.

66

En amour, quand c'est pour de bon, pour de vrai, c'est forcément pour toujours.

67

Les femmes n'aiment pas qu'on les trompe.

Mais elles pardonnent encore moins de s'être trompées elles-mêmes, sur un homme.

68

Quand une histoire d'amour meurt d'elle-même, à petit feu, une femme sait toujours se refaire une nouvelle peau destinée au suivant.

69

Après une séparation, une femme ne recherche pas forcément le prochain mais le successeur à l'homme qu'elle a quitté.

Le prochain, c'est celui qui est différent de celui qui l'a déçue.

Le successeur, c'est le même... en mieux !

C'est plus excitant.

Cela lui donne raison d'avoir quitté l'autre : il en existait un pareil, en mieux !

70

Le danger du successeur, c'est, pour une femme qui tâche à refaire sa vie, qu'il puisse rappeler le précédent.

L'homme quitté.

Les femmes préfèrent tourner la page, définitivement.

71

Une femme, après tout, se fiche bien d'être mal aimée.

Elle n'attend rien de plus d'un homme que ce qu'il peut vraiment lui donner et c'est, en somme, la plupart du temps, pitoyable par rapport à ce qu'elle espérait.

Ce qu'une femme ne peut pas pardonner, c'est d'être mal comprise.

72

Une femme perd confiance en un homme qui accepte tout d'elle car l'interdit l'attire et elle aime faire l'inacceptable.

S'il ne le voit pas, c'est qu'il est con.

Et aucune femme n'aime vivre avec un con.

73

Certains hommes tolèrent tout d'une femme.

Par gentillesse et par abandon.

L'amour, pourtant, ne doit rien tolérer.

Surtout pas la faiblesse face à une femme.

74

L'abandon face au combat, à la séduction sans cesse renouvelée, à la lutte de tous les instants, à la méfiance nécessaire, à la défense des bonheurs fragiles ;

l'abandon face à l'essentiel, à ses efforts pour la garder, la retenir, la protéger contre l'usure de la vie et contre elle-même...

Cet abandon tue l'amour. Mais il ne l'efface pas.

La douleur reste toujours.

75

Les femmes n'acceptent, heureusement, jamais de suivre les conseils qu'elles se donnent.

Jusqu'au moment où...

76

Un homme âgé, une femme jeune ?

Attention ! Iceberg de la déception en vue !

À moins que...

77

Toutes les femmes d'une vie d'homme n'en auront finalement formé qu'une seule: cet improbable et irréel être parfait qu'il aura recherché à travers toutes.

78

Un homme qui rate sa vie l'aura passée à se donner à toutes les femmes.

Un homme qui l'aura réussie ne se sera donné qu'à une seule.

79

Les femmes sont toujours moins, c'est ce qui fait leur plus.

80

Moins fausses et plus entières.
Moins lâches et plus insaisissables.
Moins bêtes et plus folles.

81

Un homme ne fera, avec la femme de sa vie, qu'un parcours dévié de bon sens.

82

Un homme qui n'aime pas vraiment passe son temps à se retourner sur lui, au lieu de se retourner sur elle.

83

Chaque homme est, pour une femme, un cas impossible à gérer.

Parce que chaque homme croit qu'il est un cas particulier.

En réalité, c'est l'art de la femme que de lui faire croire à cette fable !

Et c'est la faiblesse de l'homme d'y croire.

Sans elle, une fois partie, il n'est rien, mais ne s'en rend compte que trop tard.

84

En amour, une femme n'en fera jamais qu'à sa tête, pour mieux faire tourner celle des hommes.

85

Chaque femme lutte, toute sa vie, entre son être et sa vérité.

Chaque homme lutte, lui, entre son sexe et ses mensonges.

86

S'il fallait dessiner la silhouette de l'amour entre deux êtres, il conviendrait de tracer les contours de l'âme de chacun d'eux.

Leur trait d'union, en somme.

87

Le manque d'une femme pour un homme est le vent de son âme : il la glace.

88

Rien ne peut séparer deux êtres qui se sont vraiment aimés. Sauf l'amour.

89

Ils s'aimaient. Ils ne s'aiment plus.

Elle restera le mensonge adoré de sa vie. Il ne sera plus sa vérité.

90

Rencontrer la femme qu'on attendait depuis toujours, c'est voir paraître le destin de sa vie.

Ou le croire... Les mirages existent.

91

Les femmes ont tout appris aux hommes.

Pas sur eux. Pas sur elles. Sur la vie.

92

Maman ? Une femme plus femme que femme.

Pour chaque fils.

Et peut-être pour chaque homme.

93

Les femmes sont toutes différentes.
Les hommes sont tous des contraires.

94

Quand une femme vous demande : « À quoi tu penses ? », on commence par répondre : « À toi ! »

Dix ans plus tard, à la même question, on répond, complice, heureux, tendre : « À nous ! »

Dix ans plus tard encore, on répond, ému : « À eux ! », songeant aux enfants.

Dix ans plus tard, enfin, usé par la vie à deux, on répond sèchement : « À rien ! »

Et dix ans plus tard, les dix de trop, on répond, cruel, idiot : « À moi ! »

On crie cette stupide réponse pour ne pas avouer que, comme les autres hommes, depuis le début, on ne pense qu'à elle... la mort !

95

L'amour ? La seule façon pour un être de se perdre, pour son bonheur.

96

L'amour ? Ne plus être face à soi-même, enfin !

97

La mort, il faut lui parler sans cesse pour l'emmerder à tel point qu'elle foute le camp voir ailleurs.

L'amour, au contraire, il vaut mieux se taire et lui laisser la parole.

98

Un homme, comme une femme, peut croire avoir été aimé.

Mais pour lui, d'avoir été aimé autant qu'il le croyait, pas toujours.

Et pour elle d'avoir été aimé comme il le fallait, pas vraiment.

99

Les femmes adorent, plus que les autres, les hommes qui les fuient.

Elles aiment ce plaisir de les rattraper au safari de l'amour.

100

S'aimer, c'est s'unir.

Mais s'aimer pour toujours, ce n'est pas seulement nous étreindre pour nous unir, mais nous avouer.

Le visage de l'amour, c'est cet aveu, cette vérité improbable : être faits l'un pour l'autre.

Et cette fatalité incontrôlable : nous aimer.

5 heures 07
(Déjà ?...)

↘ (page blanche ... je dors)

7 heures 02

(Je viens de relire tout.
Je vais changer l'ordre.)

Effectivement j'ai changé l'ordre.
Et j'ai tout remis comme avant.
Je vais marcher un peu, et je reviens.
Relisez tout à votre tour, et dites-moi si ça va...?

8 heures 27
(Encore quelques mots...)

Mahler, à chaque concert, lisait la partition de l'œuvre sur son pupitre de chef d'orchestre, patron de l'Opéra de Vienne.

Il la maîtrisait pourtant parfaitement, en connaissait les moindres notes, les pièges les plus secrets.

Elle l'habitait totalement.

Mais il tenait à la redécouvrir à chaque instant, au cours des concerts qu'il dirigeait.

Arturo Toscanini, lui, n'avait jamais de partition posée sur son pupitre. Il la savait par cœur et dirigeait, comme transfiguré par elle, parce que la partition n'était plus seulement en lui mais lui-même. Elle était lui, entièrement et totalement.

J'ai toujours, comme Gustav Mahler, commis l'erreur de découvrir la partition de ma vie à chaque instant, comme si la vie était en face de moi, étrangère à moi-même, devant m'y diriger en maître d'œuvre, comme un Mahler du quotidien.

Je me voulais chef d'orchestre de ces femmes que je pensais mener à la baguette d'une main ferme, sûre, précise et conquérante.

J'avais tort, en tout point. J'aurais dû Toscaniniser plutôt! Si j'avais accepté d'être vraiment gorgé de vie, d'une vraie vie, comme une lumière en moi, peut-être aurais-je su aimer les femmes dans ce tourbillon de passion partagée et éviter quelques écueils ?

J'aurais dû étudier, fouiller cette partition de la vie où chaque être comme chaque note a son importance.

Mais, ivre de moi-même, je ne pensais qu'à m'imposer comme chef d'orchestre de la vie. Il me fallait tout maîtriser, tout emporter, tout dominer. Je voulais diriger les femmes comme seul j'entendais qu'elles le soient.

Quelle méprise !

Quel gâchis !

L'amour ne se dirige pas. C'est lui qui commande. Et c'est à lui qu'on doit obéir. Il est le grand ordonnateur mais je n'ai pas su l'entendre, je n'écoutais que moi. Je me jugeais si pur, si honnête, si « main tendue », si vrai.

Comment pouvais-je me fourvoyer ? Je n'avais pas saisi que la partition de la vie, la vraie, n'est pas tant à découvrir, comme Mahler le croyait, mais à recevoir. Surtout en soi.

Encore faut-il, pour en être capable, avoir le cœur ouvert et humble.

Cette partition de vie, cette partition d'amour, est fantasque, imprévisible, contradictoire.

Elle vous prend aux tripes et ne vous lâche plus.

Parfois, les pages s'envolent au vent de la vie qui passe si vite, au vent mauvais qui court, et cette partition vous emporte plus loin, trop loin en vous, au plus profond de votre être.

Elle libère vos désirs, vos angoisses, vos rages ; elle vous dépasse, vous entraîne, vous enivre et vous délivre aussi, de tout, sauf de vous-même, de vos doutes, de vos remords. Elle vous sort de vous-même, vous accuse, vous apprend que vous n'êtes rien sans les autres, que ce sont eux qui sont en vous, qu'ils sont vos notes de vie et dansent et chantent en vous, et vibrent et se débattent, et cognent en votre cœur, se noient dans votre sang, vous incendient le crâne et ne vous lâchent plus.

Cette partition de la vie vous fait croire chaque jour que tout est encore possible, que rien n'est jamais joué, ni gagné, ni perdu, que ce qui est n'est pas et que ce qui doit se faire se fera, avec ou sans vous.

Vous aviez cru la composer vous-même tant elle vous possédait. Mais compositeur-Dieu est comme Beethoven, un jour il devient sourd. Sourd à vos désirs, à vos rêves, à vos espoirs.

Il manque des pages à votre partition. Elles ne s'écriront que si vous l'avez mérité. Sinon, tant pis pour vous. Elle vous précédera, vous abandonnera parmi les partitions inachevées des vies ratées. Pour avoir voulu aller trop vite, trop loin, trop seul, trop sûr de soi. Vous voilà abandonné.

Aux autres et à vous-même.

Lorsque, à mon tour, je me suis retrouvé seul, j'ai voulu écrire cette lettre aux femmes que vous êtes, pour vous crier mon refus de croire que j'ai perdu, pour de bon, au jeu de la vie.

Tant qu'il me restera un jeton d'existence, je miserai encore sur l'amour, sur les femmes.

Parce que je crois en elles. En leur assurance. En leur instinct. En leur folie. En leurs contradictions comme en leurs vérités, leur audace. En leur ténacité. Et en leur pardon.

Pour elles, pour vous, je jette au feu mes certitudes, sur la vie et sur les femmes.

Je ne serai plus ce « monsieur Je-sais-tout », qui prévoit tout, dicte tout, s'aveugle sur tout.

Je ne veux plus être celui qui, comme tous les hommes, ne veut rien voir. Qui recule devant tout. Évite tout pour ne pas se poser les vraies questions : à quoi sert-il vraiment ? Quel amour offre-t-il en partage ?

Il est temps de me démasquer.

Il est temps de redevenir l'enfant que j'ai été, prêt à apprendre, pour, peut-être une dernière fois, renaître meilleur.

Ne plus donner de leçons mais en prendre. Redevenir élève à l'école de la vie. Marche par marche, remonter jusqu'en haut. Surtout ne rien omettre. Ne jamais oublier. J'avais pris la vie à l'envers. J'avais ouvert la porte, qu'il fallait laisser close : celle de mon orgueil. Ne pas recommencer les mêmes erreurs. Et tout pardonner aux femmes. Rien à moi. Évidemment. Ne rien regretter puisque c'est trop tard.

Ne rien espérer car il est trop tôt. Attendre. Un signe. Un destin. Se tenir prêt. Si cela doit arriver encore. Si la chose est là de nouveau. Si l'amour ose être là, devant moi. Ne pas le laisser passer.

Je ne chercherai plus à être heureux. Je chercherai à rendre heureux.

9 heures

(J'ai fini. Quoique...)

En dormant un peu je rêvais que j'écrivais une lettre à Dieu. Ou plutôt une lettre sur Dieu. Parce que je n'aurais pas l'audace de m'adresser à lui. Cette lettre aurait été très courte. Une seule phrase :
"Si Dieu n'existait pas, il se serait inventé".

9 heures 02

(J'ai fini.)

La nuit s'écoule à grains comptés.
L'ivresse de la fatigue me procure
cette torpeur qui me réchauffe.
L'encre va me manquer à présent.
Non celle de mon stylo, mais celle
de mon âme, pour écrire ma vie,
lui rendre justice, lui donner
un sens.
Un sens interdit jusque-là :
aimer. Aimer comme respirer.
Aimer sinon crever. Aimer comme
on aime qu'une seule fois dans
sa vie.
Et si cette chance était déjà
passée ?

Tout est fini alors ? Et ma vie derrière moi ?
Et si, pourtant, en amour, avec les femmes, je décidais de faire, une fois pour toutes, la grève de la

FIN ?

Mis en pages par DV Arts Graphiques à La Rochelle
Imprimé en France par CPI – Firmin Didot
Dépôt légal : janvier 2010
N° d'édition : 1713 – N° d'impression : 98455
ISBN 978-2-7491-1713-3